초판 1쇄 인쇄 2023년 4월 10일
초판 3쇄 발행 2024년 11월 10일

글 반려동물을 사랑하는 모임

펴낸곳 대림출판미디어
펴낸이 유영일
마케팅 신진섭
등록 제2021-000005호
주소 서울시 영등포구 대림로34다길 16, 다청림 101동 301호
전화 02-843-9465
팩스 02-6455-9495
E-mail yyi73@naver.com
Tistory https://dae9495.tistory.com

ISBN 979-11-92813-03-5

※ 값은 뒤표지에 있습니다. 잘못된 책은 바꾸어 드립니다.

어린이 강아지 백과

처음 만나는 댕댕이

대림아이

차례

머리말 ··· 6

01 개 이쁜 댕댕이

1. 골든 리트리버 Golden Retriever ··· 8
2. 래브라도 리트리버 Labrador Retriever ··· 10
3. 닥스 훈트 Dachshund ··· 12
4. 몰티즈 Maltese ··· 14
5. 미니어처 슈나우저 Miniature Schnauzer ··· 16
6. 미니어처 핀셔 Miniature Pinscher ··· 18
7. 베들링턴 테리어 Bedlington Terrier ··· 20
8. 보더 콜리 Border Collie ··· 22
9. 보스턴 테리어 Boston Terrier ··· 24
10. 비글 Beagle ··· 26

기억력 테스트 ··· 28

02 개 귀여운 댕댕이

11. 비숑 프리제 Bichon Frise ··· 30
12. 사모예드 Samoyed ··· 32
13. 셔틀랜드 시프도그 Shetland Sheepdog ··· 34
14. 푸들 Standard Poodle ··· 36
15. 퍼그 Pug ··· 38
16. 페키니즈 Pekingese ··· 40
17. 펨브록 웰시 코기 Pembroke Welsh Corgi ··· 42
18. 포메라니안 Pomeranian ··· 44
19. 프렌치 불도그 French Bulldog ··· 46
20. 시바 이누 Shiba Inu ··· 48

기억력 테스트 ··· 50

03 개 멋있는 댕댕이

21. 시베리안 허스키 Siberian Husky ··· 52
22. 시추 Shih Tzu ··· 54
23. 요크셔 테리어 Yorkshire Terrier ··· 56
24. 그레이 하운드 Greyhound ··· 58
25. 재패니즈 스피츠 Japanese Spitz ··· 60
26. 진돗개 Jindo Dog ··· 62
27. 치와와 Chihuahua ··· 64
28. 카발리에 킹 찰스 스패니얼 Cavalier King Charles Spaniel ··· 66
29. 코커 스패니얼 cocker spaniel ··· 68
30. 파피용 Papillon ··· 70
기억력 테스트 ··· 72

04 개 매력 있는 댕댕이

31. 저먼 셰퍼드 German Shepherd ··· 74
32. 쿠바스 Kuvasz ··· 76
33. 코몬도르 Komondor ··· 78
34. 아키타 Akita ··· 80
35. 보르조이 Borzoi ··· 82
36. 블러드 하운드 Bloodhound ··· 84
37. 그레이트 데인 Great Dane ··· 86
38. 아프간 하운드 Afghan Hound ··· 88
39. 차이니스 샤페이 Chinese Shar-pei ··· 90
40. 저먼 쇼트헤어드 포인터 German Shorthaired Pointer ··· 92
기억력 테스트 ··· 94

강아지 용어 ··· 95
정답 ··· 96

 **머리말**

반려동물
사람이 정서적으로 의지하고자 가까이 두고 기르는 동물

  반려동물을 키우는 것은 모든 아이들이 어른이 되어서도 기억하는 경험 중 하나입니다. 동물은 아이들에게 큰 교훈을 줄 뿐만 아니라 사랑을 전해 주기도 합니다.

  오늘날 강아지는 의지하고 마음을 나누는 가족으로 발전하게 되었고 곁에 있으면 아이들은 좋은 태도와 스스로 자기를 존중하는 마음도 향상되며 안정감을 느끼게 됩니다. 또한 아이들은 나의 강아지가 행복한지, 피곤한지, 슬픈지를 알아볼 수 있게 되어 감정을 공감하는 법을 알게 되기도 합니다.

  이 책을 읽는 우리 친구들이 여러 종류의 강아지를 알기 쉽게 중요한 정보를 소개하였습니다.

  혹시 강아지를 키우고 싶다면 또는 강아지에 대해 알고 싶다면 준비 과정으로 미리 익혀 두면 어떠할까요.

  여러분의 강아지가 건강하고 행복해지는 데 조금이나마 도움이 되길 바랍니다.

01 개 이쁜 댕댕이

1. 골든 리트리버 Golden Retriever

2. 래브라도 리트리버 Labrador Retriever

3. 닥스 훈트 Dachshund

4. 몰티즈 Maltese

5. 미니어처 슈나우저 Miniature Schnauzer

6. 미니어처 핀셔 Miniature Pinscher

7. 베들링턴 테리어 Bedlington Terrier

8. 보더 콜리 Border Collie

9. 보스턴 테리어 Boston Terrier

10. 비글 Beagle

1. 골든 리트리버
(Golden Retriever)

자라난 곳	영국
크기	55~61㎝
몸무게	25~35㎏
수명	10~12년

　골든 리트리버는 원래 사냥개 중에서도 사냥에서 총에 맞은 새를 물어오는 것을 목적으로 교배된 견종입니다.
　국내에서는 천사견으로 잘 알려져 있으며 대형견을 좋아하는 분들 사이에서는 정말 인기가 높은 개입니다.

　털이 길고 풍성하며 주기적으로 빗질을 해주어야 하고, 일 년에 한두 번 털갈이를 합니다.
　겉 털과 속 털은 추위와 물로부터 몸을 보호해주며 물을 좋아해서 수영을 잘하며 활동량이 많아 매일 산책 등 운동이 필요합니다.

　머리가 좋고 온순한 성품을 지니고 있으며 사회성이 너무 좋아 낯가

림이 없어 사람을 잘 따르며 다른 견종에 비해 훈련이 쉬운 편입니다. 그래서 외국에서는 자폐 아동의 사회성 육성에 이용되고 국내에서는 안내견으로도 활용됩니다.

2. 래브라도 리트리버
(Labrador Retriever)

자라난 곳	캐나다, 영국
크기	54~62㎝
몸무게	25~36㎏
수명	10~12년

　래브라도 리트리버는 골든 리트리버와 함께 조렵견(사냥꾼을 돕는 사냥개), 인명 구조견, 탐지견, 안내견, 간호견 등 모든 분야에서 활동하는 주요 품종 중의 하나입니다.

　래브라도 리트리버는 수영 능력이 탁월하며 털이 짧지만 빽빽하여 추운 겨울에도 보온 능력이 좋습니다. 골든 리트리버에 비해 먹성이 더 좋으며 털이 짧고 검은색 털을 가진 종도 있으며 또한, 번견(집을 지키거나 망을 보는 개)으로서 성질이 좋고 사람을 잘 따른다고 합니다.

훈련이 쉽고 성실하며 뛰어난 능력으로 시각 장애인을 돕는 안내견의 대부분이 래브라도 리트리버라는 사실은 이미 잘 알려져 있고, 거기에 뛰어난 후각 능력과 민첩성을 가지고 있어 마약 수색 및 구조견으로 그 능력을 인정받았습니다. 특히 멕시코 강진 현장에서 무려 52명의 조난자를 구출한 예도 있다고 합니다.

나는 후각이 뛰어나!

3. 닥스 훈트
(Dachshund)

자라난 곳	독일
크기	21~27㎝
몸무게	5~5㎏
수명	10~14년

    닥스 훈트는 오소리 사냥에 주로 쓰이던 사냥개로 독일어로 오소리라는 뜻의 '닥스'와 사냥개라는 뜻의 훈트(영어로는 '하운드')에서 이름이 유래되었습니다.

    특이한 외형 때문에 대중 매체에서 사랑받는 견종이며 가정에서도 흔히 볼 수 있는 인기 있는 애완견 중에 하나입니다.

    이 견종은 팔, 다리의 정상적 성장을 방해하는 연골 발육 부전증의 유전병을 가지고 있으나 이로 인해 긴 몸통과 다리가 짧고 쐐기 모양으로 된 주둥이가 오소리나 여우 굴을 파기에 알맞게 개량되었습니다.

    성격이 명랑하고 장난스러운 성격으로 활동하는 것을 좋아하여 놀아

주길 바라며 주인의 말을 잘 이해해 좋은 친구로 지내기 적합합니다. 그러나 무는 성질이 높고 배변 가리는 습관을 들이기가 어려우므로 처음부터 훈련을 시켜둘 필요가 있습니다.

 또한, 몸이 길어 체중 조절과 운동에 신경 써 주지 않으면 배가 땅에 닿을 수도 있고 디스크 질환에도 자주 걸릴 수 있습니다.

4. 몰티즈
(Maltese)

자라난 곳	이탈리아
크기	20~25cm
몸무게	3.5kg 이하
수명	12~15년

　지구상에서 가장 오래된 품종 중의 하나로 지중해의 몰타(Malta) 섬에서 처음 생겨나 몰티즈라는 이름을 갖게 되었으며 세계적으로 인기가 높은 견종입니다. 예전에는 귀부인들이 보석을 장식하듯이 몰티즈를 안고 있었다고 합니다.

　몰티즈는 속 털이 없고, 길고 비단 같은 털을 가지고 있으며 우아하게 생긴 외모와는 달리 성격이 활발하고 바쁘게 움직이며 잘 짖는 편입니다. 털이 많이 빠지지 않는 편이라 좁은 실내에서도 키우기 적합합니다.

　몰티즈는 눈물 자국으로도 유명하며 눈에 염증이 생기면 눈물이 나오면서 눈가 주위의 털이 빨갛게 변색이 됩니다. 목욕은 다른 견종보다 자주 해야 하고 눈, 입 주위는 항상 청결하게 관리해야 합니다.

　소형견이 겪을 수 있는 대부분의 질병에 모두 취약해서 키울 때 생각보다 애로 사항이 많으며 소형견 중에서도 고질병이 가장 많은 편입니다.

5. 미니어처 슈나우저
(Miniature Schnauzer)

자라난 곳	독일
크기	30~36cm
몸무게	5~8kg 이하
수명	12~15년

 미니어처 슈나우저는 쥐나 작은 짐승을 잡기 위해 개량한 개의 한 품종이며 슈나우저 종 중에서도 소형에 속하는 견종입니다.
 덥수룩하게 난 털 때문에 독일어로 '주둥이'를 뜻하는 '슈나우즈(Schnauze)'에서 품종명이 유래되었습니다.

 우수한 지능 지수를 가지고 있으며 성격이 활발하고 사교적이며 사람을 좋아하고 애교가 많아 가정에서 반려견으로 기르기에 좋고 털이 잘 빠지지 않는 편이라 실내 생활에 적합합니다. 그러나 방문객이나 작은 동물을 보고 사납게 짖어대는 편입니다.
 물어뜯는 버릇은 다른 견종보다 훨씬 심하기 때문에 개껌을 많이 사다 놓으면 크게 도움이 됩니다. 또한 활동적이고 낙천적이어서 자주 운동시켜주지 않으면 사나워질 수 있으니 자주 산책을 시켜 주어야 합니다.

6. 미니어처 핀셔
(Miniature Pinscher)

자라난 곳	독일
크기	25~32㎝
몸무게	4~6㎏ 이하
수명	12~16년

 미니어처 핀셔는 쥐나 작은 짐승을 잡기 위해 개량한 개의 한 품종으로 '토이 종의 왕'이라는 타이틀을 가지고 있으며 유럽에서 가장 인기 있는 개 순위에서 상위권을 차지하고 있습니다.

 소형견이지만 대형견의 성격처럼 용맹성과 침착성을 지니고 있으며 낯선 사람을 물 정도로 사납고, 주인에 대한 충성심이 강하며 똑똑합니다. 그러나 활동적이며 운동성이 뛰어나기 때문에 충분한 운동을 시켜주어야 하고 말처럼 발을 높이 들고 뛰는 습관 때문에 뛸 때마다 경쾌한 발소리가 납니다. 순발력과 점프력이 뛰어나 상당한 점프가 가능하지만, 관절을 다칠 수 있으니 가능한 자제시키는 편이 좋습니다.

 털이 짧아 추운 날씨에 주의하도록 하며 옷을 입히는 것도 체온 유지에 도움을 줄 수 있습니다. 또한 털은 짧지만 털 빠짐이 심한 편이며 피

부가 약하기 때문에 피부 질환의 관리도 잘 해 주어야 합니다.

7. 베들링턴 테리어
(Bedlington Terrier)

자라난 곳	영국
크기	35~45cm
몸무게	7~11kg
수명	11~16년

　베들링턴 테리어는 테리어 종과 하운드 종을 교배한 종으로 영국 광부들에 의해 쥐와 같은 해로운 동물을 사냥하기 위해 개량되었습니다.
　초기에는 죽을 때까지 싸우는 거친 성격으로 투견으로도 길러졌으나 반려견으로 키우면서 기질이 많이 온순해졌습니다.
　곱슬거리는 털로 덮여있는 외관은 양(羊)과 같은 느낌을 주며 귀엽고 온순해 보이지만 실제 성격은 신경질적이고 거칠며 조급한 성격이라 어린아이가 있는 가정에서는 사육하는 것은 다소 어렵습니다.
　보호자에게는 충실하고 순종적이지만 낯선 사람이 거슬리는 짓을 하면 맹렬하게 화를 내며 공격적인 모습을 보이는데 이는 어릴 때부터 관심을 가지고 사회화 복종 훈련을 시켜야 합니다.
　운동량이 많고 뛰어난 운동 신경을 가져 움직임이 매우 빠르며 자유 운동을 포함한 산책을 시키며 털은 정기적으로 관리해 줍니다. 특히 눈 주변의 털이 눈에 들어가지 않도록 신경을 써야 합니다.

8. 보더 콜리
(Border Collie)

자라난 곳	영국
크기	48~55cm
몸무게	15~25kg
수명	12~15년

　보더 콜리는 양치기 개로 알려진 개로 양을 몰기 위해 개량되어 양 떼를 목동에게 이끌거나 양 떼를 축사로 몰아넣는 등의 역할을 수행하기도 합니다.
　학습 능력이 뛰어나 다양한 도그 스포츠에서 활약합니다.

보통 털이 길고 흑백의 얼룩무늬를 띠지만 때때로 붉은색과 흰색이 섞이거나 3가지 색이 섞이기도 합니다. 숱이 많고 속 털이 깊은 편으로 엉키지 않도록 빗질을 자주 해주고 털갈이 시기에는 특히 신경을 써야 합니다.
이중모로 겉 털은 갈기처럼 길고 풍성

하고 속 털은 짧고 부드럽습니다. 특히, 얼굴, 귀 끝, 앞다리, 뒷다리의 발끝에서 무릎까지는 부드러운 털이 짧게 나 있습니다.

 높은 판단력과 민첩함을 가지고 있으며 체력이 매우 뛰어나 하루 2시간 이상 산책과 운동을 시켜 주지 않으면 스트레스를 받아 문제 행동이 나타나곤 합니다.

 또한, 세계에서 가장 영리한 개 중 하나이며 지능이 높은 만큼 한 가지 과제보다 여러 가지 과제를 주어 해결시키는 일을 시켜 능력을 최대한 발휘하도록 합니다.

9. 보스턴 테리어
(Boston Terrier)

자라난 곳	미국
크기	28~40㎝
몸무게	5~11㎏
수명	11~13년

　보스턴 테리어는 미국에서 태어난 품종으로, 불도그와 불테리어의 교배로 투견으로 만들어졌으나 이후 현재의 애완용으로 개량되었습니다. 초기에는 공격적이었으나 개량을 통해 온화한 성격을 지니게 되었습니다.

　미국 보스턴대학교의 공식 마스코트입니다.

　얼굴은 눈이 크고 귀가 서 있으며 큰 눈은 먼지 같은 이물질이 잘 들어가므로 눈 건강에 신경을 써 주어야 하고 주둥이가 짧아 호흡에 어려움이 있습니다. 잘 때 코를 많이 골며 덥고 습한 날씨에 취약합니다.

　예민한 성격에 작은 소리에도 민감하게 반응하여 짖는 경우가 많으니 지나친 활동이나 과도한 흥분을 자제하는 것이 좋습니다.

　짧은 털이 전신을 덮혀 있고 털 빠짐이 많은 편이어서 실내를 어지럽

히는 단점이 있지만 침착하고 온순, 영리하면서도 사람을 잘 따릅니다.

머리가 너무 좋지만 주인과의 커뮤니케이션이 부족하면 말썽을 부릴 수 있으니 조기 사회화 및 훈련이 필요합니다. 그렇지만 머리가 똑똑해 교육 훈련은 잘 되는 편입니다.

10. 비글
(Beagle)

자라난 곳	영국
크기	33~40㎝
몸무게	13~20㎏
수명	11~13년

    비글은 크기에 따라 2종류가 있으며 토끼 사냥을 잘하는 하운드의 일종으로 소형 동물을 추적하기 위해 개량되었습니다. 유명한 애니메이션 영화의 스누피(Snoopy) 캐릭터 모델로도 쓰였습니다.

    사냥개치고는 체구가 작지만, 근육질의 몸과 두툼한 주둥이에 둥근 귀를 가지고 있으며 늘어뜨렸을 때 귀 끝이 거의 코에 닿으며 처진 귀 때문에 귓병이 나기 쉬워 항상 관리해 주어야 합니다. 또한 먹이에 대한 집착이 강해 자제력을 잃는 경우가 많다고 합니다.

    활발하고 온순한 성격을 가지고 있으며 환경 적응력도 뛰어납니다. 사냥감이 지나간 흔적을 냄새로 찾아 추격하고 활동량도 강한

품종으로 최근에는 후각이 예민한 특성을 이용해 마약 탐지견으로도 활용하고 있습니다.
　전에는 실험용 쥐 대신 실험용 동물로 사용되기도 했습니다.

기억력 테스트 **바르게 연결하세요.**

닥스 훈트 •
Dachshund

몰티즈 •
Maltese

베들링턴 테리어 •
Bedlington Terrier

보스턴 테리어 •
Boston Terrier

비글 •
Beagle

02 개 귀여운 댕댕이

 **11. 비숑 프리제** Bichon Frise

 **12. 사모예드** Samoyed

 **13. 셔틀랜드 시프도그** Shetland Sheepdog

 **14. 푸들** Standard Poodle

 **15. 퍼그** Pug

 **16. 페키니즈** Pekingese

 **17. 펨브록 웰시 코기** Pembroke Welsh Corgi

 **18. 포메라니안** Pomeranian

 **19. 프렌치 불도그** French Bulldog

 **20. 시바 이누** Shiba Inu

11. 비숑 프리제
(Bichon Frise)

자라난 곳	프랑스
크기	23~30㎝
몸무게	5~8㎏
수명	14~16년

　비숑 프리제는 중세기 불어로 비숑(프랑스어: bichon)은 '털이 길고 몸집이 작은 개'를 의미합니다. 한때 유럽 귀부인들과 초상화에 함께 그려 넣는 것이 유행했을 정도로 사랑받았다고 합니다.

　동그란 얼굴에 까만 코와 눈 그리고 순백의 털로 둘러싸여 마치 봉제 인형처럼 귀여운 비숑 프리제는 속 털은 길고 부드럽지만, 겉 털은 곱슬곱슬하고 거칠며 잘 엉키기 때문에 자주 빗겨 주고 관리를 잘해줘야 합니다.

　온화하고 주인을 잘 따르는 성격으로 보호자에 대해 깊은 애착을 가지며 귀여운 외모 속에는 근육질 몸이 있어 아주 건강한 편입니다. 운동량이 많이 필요하지 않고 털 빠짐이 적으며 체취도 심하지 않아서 실내견으로 최적입니다.
　다른 동물들이나 어린이들과도 잘 어울리는 편인 데다 상대적으로 다른 견종보다 건강하며 유전 질환이 적은 편이고 활동성도 평균 수준이므로 초보 견주들에게 안성맞춤입니다.

12. 사모예드
(Samoyed)

자라난 곳	시베리아
크기	46~51cm
몸무게	18~25kg
수명	12~14년

　사모예드는 시베리아의 유목민 사모예드족이 옛날부터 기르던 썰매용 개로서, 부족의 이름을 따서 이름을 짓게 되었습니다.
　19세기에 와서 미국과 영국의 북극 탐험가들에 의하여 썰매를 끄는 개로서 그들과 함께 활약한 후 서양 각국에 소개되면서 널리 알려졌습니다. 세계의 견종 사이에서 가장 비싼 견종 중 하나라고 합니다.
　순하고 친근하며 주인과 깊은 유대감을 형성하는 편입니다. 사냥 본능은 거의 없으며 공격적인 면도 없고 사교성이 매우 뛰어나 경비견으로 활용하기 어렵습니다.
　흰 백색의 털과 입 끝부분이 살짝 올라가서 생기는 미소가 특징이며 털은 두 가지로서 속 털은 조밀하고 두꺼우며 양털처럼 부드러우나 표면의 털은 길고 다소 뻣뻣합니다. 이러한 특징들 때문에 지구상에서 가장 추운 곳에서도 생활하는 데 무리가 없습니다. 그러나 물을 싫어하고 털이 방수까지 잘 되는 성질을 갖고 있어, 한번 더러워졌을 때 목욕시키기가 매우 힘듭니다.

  운동량이 많고 털 빠짐이 심해서 실내에서 기르기에는 무리가 있으며 추위에는 강하나 더위에는 다소 약하므로 실외에서 키울 때에는 개집의 위치와 통풍에 신경을 써야 합니다.

13. 셔틀랜드 시프도그
(Shetland Sheepdog)

자라난 곳	영국
크기	33~42cm
몸무게	7~10kg
수명	12~14년

　셔틀랜드 시프도그는 영국 스코틀랜드 북부의 셔틀랜드 제도 목양견의 일종으로 목장에서 양이나 소의 무리를 잘 유도하는 개입니다.
　대형견 중에서 유명한 품종인 콜리와는 생김새도 비슷하고 비슷한 용도로 사육되었기 때문에 콜리의 개량종으로 오해하기도 하지만 전혀 다른 품종입니다.

　긴 주둥이를 가지고 있으며 귀는 작고 앞쪽으로 끝이 살짝 접혀 아래고 늘어져 있으며 다리의 힘은 뛰어나고 스피드가 있습니다.
　높은 수준의 지능을 가지고 있으며 온화하고 다정한 성격으로 주인에게 충성스러워 세계 각국에서 널리 기르고 있습니다. 그러나 성격이 민감하고 소리에 엄청 예민해 헛짖음이 자주 발견되곤 합니다.

촘촘한 속 털과 긴 겉 털인 이중모로 구성되어 있고 털 빠짐이 심한 편이라 자주 빗질을 해주는 것이 좋고 목양견 출신으로 활동량이 많기 때문에 매일 산책과 운동을 시켜 주는 것이 좋습니다.

14. 푸들
(Standard Poodle)

자라난 곳	독일
크기	스탠더드(38㎝이상), 미디엄(35~45), 미니어쳐(25~35), 토이(25㎝이하)
몸무게	스탠더드(20~27kg), 미디엄(6~20), 미니어쳐(3~6), 토이(2~3kg이하)
수명	10~18년

　푸들은 몸의 높이에 따라 일반적으로 스탠더드, 미디엄, 미니어쳐, 토이 푸들로 구분합니다.

　스탠더드 푸들은 자라난 곳이 독일이지만 프랑스 국견으로 프랑스 귀족 여성들에게 큰 인기를 끌며 엄청난 사랑을 받게 되었습니다.

　원래 대형 개였는데 점차 개량을 거쳐 작은 사이즈의 푸들도 많이 퍼지게 되었습니다.

　전에는 사냥개로, 또는 잡은 사냥감을 찾아오는 개로 이용됐지만, 지금은 반려동물로 인기가 높습니다. 목은 길고 머리는 갸름하며 몸통은 강한 근육질이고 털 빠짐은 적지만 온몸의 털이 곱슬 모양을 하고 있어 털 손질이 까다롭습니다.

공격성이 약하며 사람뿐 아니라 다른 강아지나 고양이 같은 동물과도 뛰어난 친화력을 보여줍니다. 주인을 굉장히 따라서 분리 불안에 걸리기 쉽고 주인 외의 사람을 잘 대할 수 있는 사회성 교육이 필요합니다.

　호기심이 많고 활발한 성격이며 활동량이 많아서 산책을 자주 해 주어야 하며 또한 굉장히 똑똑해서 기본적인 배변 훈련이나 앉아, 엎드려 같은 간단한 훈련 등은 금방 가능하며 고난도의 훈련도 가능합니다.

15. 퍼그
(Pug)

자라난 곳	중국
크기	25~33㎝
몸무게	6~10㎏
수명	13~15년

　퍼그는 가장 오래된 품종 중 하나로 고대 중국에서 반려견으로 개량한 품종입니다. 네덜란드 상인들에 의해 유럽으로 유입되면서 세계에 알려졌으며 네덜란드 왕가의 마스코트로 사랑받았습니다.

　주둥이가 매우 짧고 머리는 둥글고 큽니다. 검은 얼굴에는 깊은 주름이 있으며 불쌍한 표정이 매력입니다. 속 털은 짧고 가늘며 부드럽지만 겉 털은 거칠며 털 빠짐이 심한 편입니다.

　생긴 것과는 달리 유순하며 매우 발랄하여 장난치기를 좋아합니다.

　관심받기를 좋아하며 주인을 잘 따르고 낯선 사람에게도 공격적인 면이 없어 어린아이가 있는 가정에 적합한 이상적인 가정견입니다.

　먹는 것을 많이 좋아하지만 움직이기 싫어하고 금세 지치기 때문에 살찌기 쉬워 비만에 주의해야 합니다. 또한 더위에 특히 약해 온도 조절에도 신경을 써주어야 하고 짧은 주둥이로 인해 호흡이 거칠고 잘 때 코를 고는 소리가 큽니다.

16. 페키니즈
(Pekingese)

자라난 곳	중국
크기	15~23cm
몸무게	3~6kg
수명	12~15년

　페키니즈는 고대 중국 황실에서 신성한 개로 키워 왔으며 황제들이 소매에 넣고 다녔다고 합니다. 제2차 아편전쟁 때 영국군에 의해 본국으로 데려가면서 서양에 널리 알려졌습니다.

　베이징을 상징하는 개라고 해서 페키니즈라는 이름이 생겼으며 재미있는 설화로는 사자가 부처를 찾아가 자신의 크기를 작게 줄여달라고 해서 그 결과 사자의 크기가 줄어들었다는 설화가 있습니다.

　다리, 꼬리, 발가락에는 길고 무성한 털이 있고 어깨에는 풍부한 갈기로 덮여 있으며 겉 털은 길고 곧게 뻗어 있고 속 털은 두껍고 부드럽습니다.

긴 털은 매일 빗질로 곁을 정리하고 얼굴 주변의 불필요한 털은 잘라 내어 눈병에 걸리지 않게 합니다.

별명이 '사자개'처럼 독립성이 강하고 용감하며 낯선 사람에게는 경계심이 강하지만 주인과 그 가족에게는 충성스럽고 다정합니다.

짧은 주둥이 때문에 수면 중에 코를 골수 있으며 운동은 실내에서 돌아다니는 정도로 충분합니다.

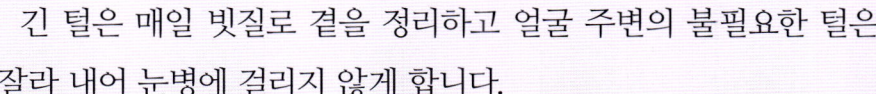

17. 펨브록 웰시 코기
(Pembroke Welsh Corgi)

자라난 곳	영국
크기	25~30㎝
몸무게	10~13㎏
수명	12~13년

　펨브록 웰시 코기는 영국에서 목축견으로 개량된 개의 한 품종으로, 다리가 짧은 것이 특징이며 카디건 웰시 코기와 가장 쉽게 구분하는 방법은 카디건에게 더 다양한 모색이 나타나고 펨브록의 꼬리가 더 짧습니다.

　몸 크기에 비해 커다란 귀에 곧게 서 있으며 이중모를 가지고 있어 털 빠짐이 심하며, 1년에 2번 털갈이를 합니다. 원래 목축견이었던 만큼 운동량이 많아서 신체적, 정식적으로 건강을 유지하기 위해서 매일 운동을 해야 하며 식성이 좋아서 식단 관리를 잘해서 비만이 되지 않도록 신경을 써야 합니다. 또한 다리가 짧아 땅의 열을 그대로 흡수해서 여름의 산책은 지면의 열이 내려간 이른 아침이나 저녁에 하는 것이 좋으며 강하고 빠르게 자라는 발톱은 너무 길거나 갈라지지 않도록 합니다.

  매우 영리하고 상황 판단능력이 뛰어나며 가족과 함께 노는 것을 즐기고 훈련에 잘 반응하는 밝은 성격으로 장난이 심하지 않고 아이들과도 즐겁게 놀 줄 아는 비교적 초보자도 훈련하기 쉬운 견종입니다.

18. 포메라니안
(Pomeranian)

자라난 곳	독일
크기	14~20cm
몸무게	1.5~3kg
수명	12~16년

　포메라니안은 독일과 폴란드 북부 발트해 연안의 지역인 포메라니아 지방에서 유래되었고 스피츠 계열(Spitz type) 중 가장 작은 품종으로 초기에는 지금보다 크기가 더 컸습니다. 영국의 유명한 빅토리아 여왕이 작은 포메라니안을 키웠고 이로 인해 더 작은 포메라니안이 많은 인기를 얻게 되었습니다. 빅토리아 여왕의 생애 동안 포메라니안의 크기는 50%까지 줄었다고 합니다.

　주둥이는 짧고 뾰족하며 귀는 작고 빳빳이 서 있는데 포메라니안처럼 생겼지만, 귀가 접힌 경우 믹스견일 확률이 90% 이상이라고 합니다.

　추운 기후에서도 생활할 수 있는 촘촘한 이중모로 겉 털은 길고 곧으며 속 털은 부드러우며 짧고 숱이 많습니다. 털의 끝은 잘 엉키며 특히 속 털의 경우 털갈이는 1년에 2번 하며 자주 빗질을 해 주거나 자르는 등 털 관리를 잘해 주어야 합니다.

　욕심과 애교가 많아 항상 주인을 독차지하려고 하고 영리하지만 성질이 급하며 흥분을 잘합니다. 호기심이 많아 타 견종에 관심이 많으나 공격성이 강하여 다른 개나 고양이와는 잘 어울리지 못합니다. 그래서 어릴 때부터 사회화 훈련을 시켜주어야 합니다.

　또한, 활동량은 많으나 상대적으로 적은 운동량으로 만족시킬 수 있으며 다리 골격이 약한 편으로 높은 곳에서 뛰어내리지 못하도록 신경 써야 합니다.

19. 프렌치 불도그
(French Bulldog)

자라난 곳	프랑스
크기	25~33㎝
몸무게	13㎏ 이하
수명	10~12년

　프렌치 불도그는 1860년대 프랑스에서 퍼그와 테리어를 교배하여 개량되었습니다. 불도그와 비슷한 편이지만 불도그에 비해 크기가 작아서 상대적으로 반려견으로 키우기에 적합하며 특히 영국과 미국에서 인기가 많은 품종입니다.

　머리가 크고 정사각형으로 두 귀는 '박쥐귀'라고 하여 독특한 귀 모양을 가졌으며 매끄러운 털, 들창

코, 태생적으로 짧은 꼬리가 특징입니다.

  크기가 작고 운동이 많이 필요하지 않아 실내에서 기르기 적당하지만, 털 빠짐이 심한 편이며 침을 많이 흘리고 얼굴의 주름 사이에 오염물질이 끼기 쉬워 자주 닦아서 청결을 유지하도록 해야 합니다.

  식욕이 높아 비만에 취약하기 때문에 먹이량 조절을 하여야 하며, 특유의 얼굴 구조로 인해 기도가 짧아서 심한 운동을 하면 금방 호흡이 거칠어지고 체내에 열이 쌓이기 쉬워 열사병에 걸릴 수 있으니 한여름의 온도 관리에 신경을 써야 합니다.

  독특한 생김새이지만 애교가 많고, 밝고 다정한 성격을 가졌으며 장난치는 것을 좋아하고 영리하여 다른 동물이나 사람과도 잘 어울리고 사교적이며 열정적입니다.

20. 시바 이누
(Shiba Inu)

자라난 곳	일본
크기	35~41㎝
몸무게	7~10㎏
수명	13~16년

　시바 이누는 일본에서 천연기념물로 지정된 일본을 대표하는 개로 작은 야생 동물을 사냥하기 위해 개량한 개의 한 품종입니다.

　체격이 야무지고 근육이 잘 발달해있으며 털은 짧으며 이중모로 털이 많이 빠지기 때문에 빗질을 주기적으로 하는 것이 좋으며 귀는 조금 작은 삼각형으로 앞쪽으로 비스듬하며 굵은 꼬리는 말려 있거나 굽어 있습니다.

　더위와 추위에 잘 견디며 자신의 공간에 배변을 보는 걸 싫어해서 실외 배변을 고집합니다. 그래서 실내보다는 밖에서 기르기에 좋으며 주인에게 충실하면서 경계심이 강해 집을 잘 지키는 개로는 알맞습니다.

　활동성이 강하기 때문에 운동을 자주 시켜 주어야 하고 공격성이 강해서 다른 개들과 만났을 때에는 통제를 잘 해줘야 합니다.

행동이 민첩하고 영리하며 매우 섬세하고 참을성이 강합니다. 독립성이 강한 편이라 산책하러 같이 나갈 때 고집을 부리고 애를 먹일 때가 많으며 스피츠 그룹 중에서도 훈련이 어려운 편에 속합니다.

기억력 테스트 **바르게 연결하세요.**

비숑 프리제 •
Bichon Frise

셔틀랜드 시프도그 •
Shetland Sheepdog

푸들 •
Standard Poodle

페키니즈 •
Pekingese

펨브록 웰시 코기 •
Pembroke Welsh Corgi

03 개 멋있는 댕댕이

21. 시베리안 허스키 Siberian Husky

22. 시추 Shih Tzu

23. 요크셔 테리어 Yorkshire Terrier

24. 그레이 하운드 Greyhound

25. 재패니즈 스피츠 Japanese Spitz

26. 진돗개 Jindo Dog

27. 치와와 Chihuahua

28. 카발리에 킹 찰스 스패니얼 Cavalier King Charles Spaniel

29. 코커 스패니얼 cocker spaniel

30. 파피용 Papillon

21. 시베리안 허스키
(Siberian Husky)

자라난 곳	러시아 시베리아
크기	50~60cm
몸무게	15~28kg
수명	12~15년

　시베리안 허스키는 시베리아에서 유래된 썰매를 끌기 위한 목적으로 개량한 개의 한 품종으로 짖는 소리가 탁하고 거칠어 허스키라는 이름이 붙여졌으며 개 썰매대회에서 좋은 성적을 거두면서 널리 알려졌습니다.

　추운 지방에 살았던 만큼 대다수의 개에 비해 털이 더 촘촘히 나 있어 눈 속에서 자도 될 만큼 추위에 강하지만 이중모라 털 빠짐이 심한 편이고 한여름 야외에서는 더위에 약해 그늘막 및 수시로 물을 뿌려 더위를 식혀 주어야 합니다.

　대체적으로 장이 매우 약하여 사료나 간식을 줄 때는 적당한 양을 주거나 특별히 신경을 써야 하며 눈은 햇빛에 상대적으로 약하므로 더 세밀한 관리가 필요합니다.

늑대처럼 보이는 외모로 어려운 인상이지만 성격이 순하여 경호견으로는 적합하지 않으며 호기심이 많은 데다가 고집이 엄청 세서 훈련이 어려운 편에 속합니다. 썰매를 끌어온 견종답게 운동량이 많고 하루에 30분 이상 산책이나 달리기를 시켜야 합니다.

22. 시추
(Shih Tzu)

자라난 곳	중국
크기	22~27㎝
몸무게	4~7㎏
수명	10~18년

　시추는 7세기 무렵 왕실에서 키우던 개로 라사압소(Lhaso Apso)와 페키니즈(Pekingese)를 교배하여 개량한 품종이며 1930년대에 서구에 알려졌습니다.

　사자개를 뜻하는 중국어로 '시추'라는 이름이 붙여졌습니다.

　눈 사이가 넓고 주둥이를 중심으로 얼굴 털이 앞쪽으로 동그랗게 자라 있으며 길고 무성한 털은 이중모에 밀도가 높아서 매일 빗질을 하며 특히 얼굴 주변의 긴 털은 관리를 잘 해주어야 합니다. 털 빠짐은 적습니다.

　성격은 모든 견종 중에서도 온순한 편이고 사람들을 무척 좋아해서 처음 보는 낯선 사람에게도 전혀 경계심 없이 친근하게 구는 경우가 많으며 짖거나 공격성도 낮아 초보자가 키우기에 적합합니다. 그러나 식탐과 고집이 센 편으로 자신의 습성을 바꾸려 하지 않는 속성이 무척 강하고 배변 훈련이 힘든 종으로 처음 잘못 내버려 두면 집요하게 한 장소에서 배변하니 인내를 가지고 훈련을 해야 합니다.

  훈련을 시킬 때는 칭찬과 보상을 기반으로 한 훈련 방법이 가장 효과적입니다.

23. 요크셔 테리어
(Yorkshire Terrier)

자라난 곳	영국
크기	18~23㎝
몸무게	3~3.5㎏
수명	12~15년

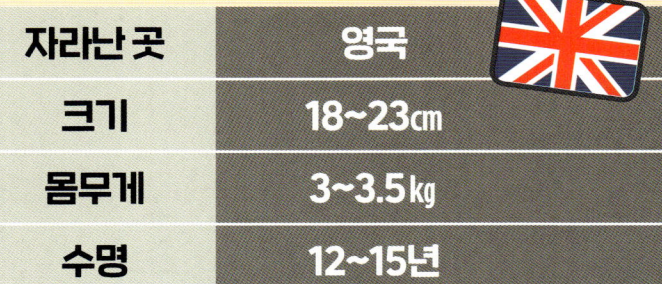

　요크셔 테리어는 영국의 요크셔(Yorkshire)와 랭커셔(Lancashire) 지역에서 쥐를 잡기 위한 목적으로 인기가 높았으며 오랜 기간에 걸쳐 소형화시켜 개량한 품종입니다.

　흰자가 거의 보이지 않는 크고 동그란 눈과 코에서 꼬리까지 등 부분에만 나 있는 곧고 광택이 있는 털은 땅에 끌릴 정도로 깁니다. 얼굴 주변의 털은 눈에 들어가거나 식사 때 음식물이 묻으면 피부병의 원인이 되니 끈으로 묶거나 잘 다듬어 줍니다.

　활동적이고 호기심이 많아 적절한 산책이 필요하며 영리하고 빠르게 배울 수 있어 훈련하기 쉬운 품종입니다. 운동량이 적어 좁은 집안에서도 잘 적응하나 추위에 약한 견종이므로 겨울에는 특히 난방에 신경 써야 하며 합니다.

또한, 주인을 잘 따르고 외로움을 많이 타는 편이라 주인과 떨어져 있기 싫어하고 주인에 대한 집착이 크며 질투심도 강합니다.

짖음은 적은 편이지만 낯선 사람을 심하게 경계하는 모습을 보이기도 하며 원래 쥐를 잡던 개이기 때문에 소형 동물인 기니피그나 다람쥐, 햄스터 같은 동물 근처에는 주의해야 합니다.

24. 그레이 하운드
(Greyhound)

자라난 곳	이집트 
크기	68~76㎝
몸무게	27~32㎏
수명	10~13년

    그레이 하운드는 수천 년 전 이집트에서 유사한 개를 길렀던 것으로 추정되며 사냥개의 한 품종이며 견종 중 가장 빠른 품종입니다. 최고 속도는 보통 시간당 72Km를 달린다고 합니다.

    후각보다는 시력이 발달하여 주로 눈으로 보고 사냥을 하며 허리는 가늘고 길며 다리는 강하고 힘이 셉니다. 털은 짧으며 회색·흰색·검은색·황갈색·적회색·청회색·혼합색 등이 있습니다.

    엄청난 체력과 지구력을 보유한 견종이며 영리하고 온순하며 주인과

의 신뢰 관계가 확실해지면 충성심이 매우 강해지고 훈련의 이해도 빠릅니다.

　게을러서 늘어져 있는 것을 좋아하고 잘 짖는 편도 아니며 가장 빠른 개이지만 의외로 운동량은 그렇게 많지 않습니다. 그러나 매일 규칙적으로 1~2시간 정도 운동은 해야 하고 추위에 약하기 때문에 겨울철 보온에 신경을 써주는 것이 좋으며 목표물을 향해 갑자기 달려드는 돌발 행동이 발생할 수 있으니 안전사고에 유의해야 합니다.

25. 재패니즈 스피츠
(Japanese Spitz)

자라난 곳	일본	
크기	30~38cm	
몸무게	5~11kg	
수명	12~14년	

재패니즈 스피츠는 독일어로 뾰족한 것이라는 뜻을 가지고 있는데 이는 주둥이와 귀 모양을 보고 붙여졌으며 1920년대 저먼 스피츠를 일본에 들여와 반려견으로 개량한 품종으로 전신에 흰털을 가진 개이며 국내에서 길러지는 스피츠 종의 대부분은 재패니즈 스피츠입니다.

저먼 스피츠는 검정, 적색, 회색 등 모색이 다양하지만 재패니즈 스피츠는 흰색만 존재하며 속털은 매우 촘촘하고 겉 털은 길고 부드러우며 털 빠짐이 많은 편입니다.

복슬복슬하고 새하얀 털은 보기보다 손질이 간편하지만 더러워지기 쉬우므로 정기적으로 목욕을 해주는 것이 좋습니다.

　애교가 많고 매우 영리하며 학습 능력이 뛰어납니다. 충성스러우며 가족과 어울리는 것을 좋아하기 때문에 반려견으로 기르기에 좋으며 예민한 감각으로 경계심이 강하여 낯선 사람이 오면 경계하고 짖는 경향이 있어 경비견의 모습도 볼 수 있습니다.

　주변 호기심이 많고 집중력이 떨어져 훈련을 시키기 어려운 편인데 훈련을 하지 않는 경우 공격성을 띠기도 해서 꼭 훈련을 시키도록 해야 합니다.

26. 진돗개
(Jindo Dog)

자라난 곳	대한민국(진도)
크기	45~55cm
몸무게	15~25kg
수명	13~15년

　진돗개는 1962년 대한민국 천연기념물로 지정된 토종개이며 사냥과 경비를 위해 길러졌으며 털의 색깔은 황색, 백색, 회색, 흑색 등이 있습니다.

　눈은 아몬드 형태의 둥근 모양으로 눈꼬리가 약간 올라가 있으며 털은 이중모로 털 빠짐이 많은 편이고 겉 털은 뻣뻣하고 속 털은 부드러우며 꼬리털이 제일 길고 풍성해 밤송이처럼 보입니다.

　사냥 본능이 강해 사냥 목표물에 대해서는 대담하고 용맹하여 멧돼지랑 비교해도 별로 밀리지 않습니다. 주인에 대한 충성심도 매우 높아 밖에서 어쩌다 놓쳐도 알아서 집에 들어올 정도입니다.

　낯선 사람이나 동물에 대해 경계하는 편이고 비좁은 장소에 묶어 키우면 스트레스가 쌓여 공격성이 강해지고 집요함과 근성 때문에 산책,

방목 등을 통해 기분 전환을 자주 시켜줘야 합니다.
  도시 환경에서 키우기에는 적합하지 않으며 어릴 때부터 사회화 훈련을 하는 것이 좋습니다. 또한 자신과 주인이 사는 영역을 깨끗이 유지하길 좋아하여 털과 주변 환경을 청결하게 해주어야 합니다.

27. 치와와
(Chihuahua)

자라난 곳	멕시코
크기	13~22㎝
몸무게	3㎏ 이하
수명	14~16년

　치와와는 멕시코에 위치했던 고대 왕국의 테치치(Techichi)라는 품종에서 유래되었으며 세상에서 가장 작은 품종입니다. 20세기 초까지도 치와와는 잘 알려지지 않았지만 1904년 미국에서 품종을 등록한 후 전 세계적으로 인기를 얻게 되었습니다.

　털 길이에 따라 꼬리에 긴 장식 털이 나는 장모종과 전신이 짧은 털인 단모종으로 나누어지며 털 빠짐은 단모종이 더 심하다고 합니다. 또한 단모종이 더 흔히 볼 수 있고 귀는 위로 쫑긋하며, 눈은 크고 돌출되어 있습니다.

　충성심이 강하지만 성격이 불같이 거칠고 경계심이 많으며 낯선 사람이나 동물에 짖음이 꽤 있는 편입니다. 또한 작은 체구에도 불구하고 고집이 세며 겁이 없어 자신보다 몇 배나 큰 대형견에게 짖으면서 덤비기도 합니다. 그러나 작은 턱 때문에 치아가 약해 상대에게 큰 상처를 주지 못합니다.

활발하고 노는 것을 좋아해 산책을 자주 시켜 주어야 하지만 몸집이 작아 실내에서도 충분한 운동을 할 수 있으며 추위에는 약해 겨울철에 특히 난방에 신경 써야 합니다.

28. 카발리에 킹 찰스 스패니얼
(Cavalier King Charles Spaniel)

자라난 곳	영국
크기	30~35cm
몸무게	5~8kg
수명	12~15년

　카발리에 킹 찰스 스패니얼은 17세기 영국의 찰스 1, 2세가 매우 아끼고 사랑했던 킹 찰스 스패니얼의 모델을 연구하여 반려견으로 개량한 개의 한 품종이며 킹 찰스 스파니엘과 구분하기 위해 기사라는 뜻의 카발리어를 붙여 카발리어 킹 찰스 스파니엘이라 부르게 되었습니다.

　둥그렇고 짙은 색의 큰 눈에 귀는 아래로 길고 늘어져 있으며 비단 같은 부드럽고 물결같이 웨이브 있는 털이 전신을 덮고 있습니다. 색은 흰 바탕에 적갈색(블렌하임), 적갈색 바탕에 흰색 검정무늬, 적갈색에 흰색 무늬, 검정 바탕에 갈색이 있습니다.

　사람에게 우호적이고 애교가 많은 편이며 순합니다. 헛짖음과 공격성이 낮고 어린아이들과도 잘 어울리는 밝은 성격으로 처음 개를 접하는 사람도 문제없이 키울 수 있습니다. 또한 운동을 매우 좋아하므로 적당한 운동과 산책을 시켜 줍니다.
  운동을 제한하면 쉽게 비만이 되기 쉬워 식사 관리에도 신경을 써야 합니다.

29. 코커 스패니얼
(cocker spaniel)

자라난 곳	영국
크기	35~40cm
몸무게	9~16kg
수명	13~15년

영국산 사냥개로 주로 새의 사냥에 도움을 주는 견종으로 '잉글리시 코커 스패니얼'과 '아메리칸 코커 스패니얼' 두 종류가 있습니다.

귀가 크고 아래로 늘어져 있으며 털이 약간 곱슬하고 길어서 평소에 귓속 통풍에 신경을 써 주며 자주 청소해 주어야 귀 관련 질병을 예방할 수 있습니다.

우아한 외모에 굉장히 밝은 성격으로 주인에 대한 충성심이 강하며 지능이 높은 편으로 배변 훈련 등 기본적으로 훈련이 수월합니다. 어린 아이가 충분히 컨트롤 할 수 있으며 처음 강아지를 키우는 사람이라도 어렵지 않게 키울 수 있습니다.

식탐이 많으며 본래 사냥개이었던 만큼 활동량이 많아 해소를 못 시키면 집안의 물건들을 마구 물어뜯거나 엉망으로 만들 수 있어 자주 산책과 운동을 시켜 주어야 합니다. 또한 성격이 강하그 고집이 세서 공격성이 자주 나타날 수 있어 흥분시키지 않고 집안의 규칙을 만들고 알려주며 반복적인 연습을 어릴 때부터 교육을 해야 합니다.

30. 파피용
(Papillon)

자라난 곳	프랑스, 벨기에
크기	20~28cm
몸무게	2~4.5kg
수명	14~16년

파피용은 16세기경 스패니얼(spaniel) 종에서 개량을 거듭해 만들어진 품종으로 예로부터 귀부인들에게 인기가 많아 초상화에도 자주 등장하였습니다. 특히 프랑스의 마리 앙투아네트와 퐁파두르 부인이 생전에 아끼던 것으로 유명합니다.

큰 리본을 달고 있는 듯한 나비의 날개 같은 커다란 귀가 특징이며 귀가 위로 올라온 종은 파피용, 아래로 처진 종은 파렌(Phalene)이라고 부릅니다.

털은 부드럽고 숱이 많습니다. 속 털이 없어 빗질에 어려움이 없으나 가슴, 귀, 꼬리 부분의 털은 다른 부분에 비해 더 얇기 때문에 엉키기 쉬워 꾸준히 관리를

해야 합니다.

　친근감과 애정이 풍부하며 영리한 성격이므로 주인에게 충분한 사랑을 받으며 교감을 나눈다면 어린아이가 있는 집안에도 키우기 적합한 강아지입니다. 그러나 커뮤니케이션이 부족하거나 응석받이로 키운다면 고집불통에 머리도 좋은 편이라 주인을 이용하려 들기도 합니다.

　지능에 비해 배변 훈련은 좀 오래 걸리는 경향이 있으며 활발하고 운동을 좋아해서 매일 산책을 시켜 줍니다.

기억력 테스트 **바르게 연결하세요.**

시베리안 허스키
Siberian Husky

요크셔 테리어
Yorkshire Terrier

진돗개
Jindo Dog

치와와
Chihuahua

파피용
Papillon

04 개 매력있는 댕댕이

 **31. 저먼 셰퍼드** German Shepherd

 **32. 쿠바스** Kuvasz

 **33. 코몬도르** Komondor

 **34. 아키타** Akita

 **35. 보르조이** Borzoi

 **36. 블러드 하운드** Bloodhound

 **37. 그레이트 데인** Great Dane

 **38. 아프간 하운드** Afghan Hound

 **39. 차이니스 샤페이** Chinese Shar-pei

 **40. 저먼 쇼트헤어드 포인터** German Shorthaired Pointer

31. 저먼 셰퍼드
(German Shepherd)

자라난 곳	독일
크기	55~65cm
몸무게	23~40kg
수명	7~12년

　저먼 셰퍼드는 독일의 국견으로 개량 초기에는 목양견으로 활약하였지만 꾸준한 품종 계량으로 경찰견, 안내견, 경비견 등 각종 역할을 수행하였으며 이러한 능력으로 제1차, 2차 세계 대전 당시 군용견으로도 크게 활약하였습니다.

　탄탄한 근육질 체형에 달리기 속도가 상당히 빠른 편이며 머리는 약간 둥글고 삼각형의 귀는 곧게 서 있습니다. 털은 흑색, 회색, 갈색, 검정 등의 색상이 혼합되어 있으며 털이 짧은 종을 흔하게 볼 수 있고 털 빠짐이 심한 편입니다.

　후각이 예민하고 뛰어난 운동 능력과 높은 지능을 겸비해 주인을 잘 따릅니다.

　상황 판단이 좋고 용감하며 경계심이 강해 훌륭한 경비견으로 수색

임무에 적합해 세계적으로 경찰이나 군대 등에서 활발하게 활약합니다. 그러나 엄격한 훈련을 받지 않으면 이 개의 능력을 끌어낼 수 없으며 운동 능력이 뛰어난 만큼 장시간의 산책과 운동이 필요합니다.

32. 쿠바스
(Kuvasz)

자라난 곳	헝가리
크기	66~76cm
몸무게	31~52kg
수명	10~14년

　쿠바스는 13세기 무렵에 유목 생활을 하던 튀르키예인들이 헝가리로 들여온 것으로 추정되며 헝가리에서는 '헝가리언 쿠바스'라고 부르기도 합니다.

　'귀족의 근위병'이라는 뜻인 터키어 'kawasz'에서 그 이름이 유래되었고 유럽의 귀족과 왕족들이 심부름 개와 경비견으로 많이 길렀으며 19세기 초 미국에서는 양과 소를 지키는 가축 경비견으로 활약하였습니다.

　털빛은 희거나 아이보리 색이며 이중모로 되어 있고 털 빠짐이 심합니다. 그러나 추운 곳 출신이어서 털이 치밀하게 나 있어 손질하기는 비교적 쉬우며 추위에는 매우 강하고 더위에는 약하므로 여름철엔 시원한 아침이나 저녁에 운동과 산책을 시키는 것이 좋습니다.

용맹하고 유순하며 참을성이 많지만 경계심이 많아 낯선 존재에게는 민감하게 대응합니다. 초보자가 키우기에 적합하지 않지만 어릴 때부터 체계적인 훈련을 하면 주인에게 헌신적이며 보호 본능이 강해 집을 잘 지키는 가정견으로는 적합합니다.
　식사량이 많고 활동적이며 운동을 많이 해야 하므로 매일 산책과 운동을 해야 합니다.

33. 코몬도르
(Komondor)

자라난 곳	헝가리
크기	55~80㎝
몸무게	35~60㎏
수명	10~12년

　코몬도르는 가축과 기타 재산을 보호하는 경비견이기도 했으며 헝가리 유목민들은 이 개를 방목 생활에 유용하게 개량해 왔으며 헝가리에서는 국견과 같은 대우를 받습니다.

　이마가 넓어서 머리가 짧아 보이는 것이 특징이며 귀는 중간 크기의 V자 모양으로 아래로 늘어져 있습니다.

　털은 이중모로 빽빽하게 자라나며 양털처럼 꼬여 있어 별명이 대걸레개(물에 흠뻑 젖으면 대걸레로 보임)라고 부르기도 합니다. 또한 털이 워낙 두터워 갑옷 역할을 해서 늑대와 싸울 때도 날카로운 송곳니를 막아 준다고 합니다.

　주인에 대한 충성심이 강하고 영리하며 보호 본능이 뛰어납니다. 또한, 낯선 사람에 대한 경계심이 강해 경비견으로 적합합니다.

갑옷을 입은 듯한 털로 인해 추위에는 강하지만 털 관리가 상당히 어려워 세심한 관리가 필요하며 더위에는 약합니다.

34. 아키타
(Akita)

자라난 곳	일본
크기	60~70㎝
몸무게	35~50㎏
수명	10~14년

　아키타는 일본 아키타현 지방에서 투견으로 길러졌다가 사냥개로 개량된 일본을 대표하는 개입니다. 한때 일본 왕실에서 특별한 대접을 받으며 기르다가 일반인으로 퍼져 나갔고 1931년 일본의 천연기념물로 지정된 초대형견입니다.

　목이 두껍고 뼈도 굵은 튼튼한 체형을 가지고 있으며 꼬리는 아주 굵고 등 쪽으로 동그랗게 말려 있습니다. 털은 단모종으로 털 빠짐이 심하여 자주 빗겨 줘야 합니다.

　일본 아키타현은 겨울에 눈이 아주 많이 오는 지역인데 여기에서 놀라운 사실은 아키타견은 발가락에 물갈퀴가 있어 눈 위를 더 수월하게 걸을 수 있고 수영도 잘 한다고 합니다.

　두려움이 없고 사냥에 능숙하며 주인에 대한 충성심이 매우 강한 편으로 특히 가족을 지키려는 경향도 강하다고 합니다.

충견 하치 이야기

　시부야에 살던 교수는 아키타견(하치)을 키웠는데 이 교수는 하치를 매우 아꼈으며 하치는 매일 교수를 시부야역까지 배웅했습니다. 그런데 어느 날 교수는 사망하게 되고 하치는 교수가 돌아오지 않자 식음을 전폐하고 시부야역에서 돌아오지 않은 교수를 9년간 기다렸다고 합니다. 이 이야기가 유명해지면서 현재 일본 시부야역에 가면 하치의 동상을 볼 수 있습니다.

35. 보르조이
(Borzoi)

자라난 곳	러시아
크기	70~80cm
몸무게	35~45kg
수명	9~14년

보르조이는 러시아로 민첩하다는 뜻으로 사냥개의 한 품종입니다.

늑대를 추적하기 위해 개량했으며 러시아 황제와 귀족들이 길렀으며 1917년 러시아 혁명 이후에 귀족을 상징한다는 이유만으로 많은 죽임을 당한 슬픈 과거도 있습니다.

길고 끝이 가는 주둥이를 가지며 머리는 좁고 작은 귀가 있습니다. 추운 기후에 적합한 긴 털을 가지고 있으며 털 빠짐이 심해 자주 관리를 해주어야 합니다.

냄새보다는 시각에 의해 사냥감을 쫓으며 일반적인 강아지보다 매우 빠른 속도로 달리는 개 중 하나이기 때문에 놓치면 잡기가 힘듭니다.

부드러운 외모처럼 조용하고 다정한 편이지만 움직이는 물체에 대해 상당히 예민한 편으로 보호자가 어릴 때부터 관심을 가지고 훈련을 해

야 합니다.

　운동량은 많은 편이지만 태어난 강아지는 1년 이내에 급속도로 성장하므로 이때에는 무리한 운동을 자제해주어야 하며 생후 3년까지는 발육이 계속됩니다. 몸 크기에 비해 먹는 양은 많지 않고 성장이 끝난 뒤에는 운동량이 급격히 떨어져서 운동은 짧은 산책으로도 충분합니다.

36. 블러드 하운드
(Bloodhound)

자라난 곳	벨기에
크기	58~69cm
몸무게	36~50kg
수명	7~10년

 블러드 하운드는 유럽에서 가장 오래된 견종 중의 하나이며 '블러드(Blood)'라는 이름처럼 피를 흘리는 사냥감의 냄새를 잘 맡는다고 합니다. 이처럼 개 중에서 후각이 가장 뛰어난 품종으로 냄새를 잘 맡는 사냥개의 대부분은 이 품종에서 나왔다고 합니다.

 초대형견으로 체격이 크고 근육질의 몸매에 털이 매우 짧고 귀는 길게 늘어져 있는 것이 특징이며 머리와 목에 주름이 잡혀 있습니다.

 지능이 아주 낮은 편이며 기르는 데 큰 공간이 필요하고 살이 찌기 쉽기 때문에 식사량 조절과 많은 운동을 시켜야 합니다.

 블러드 하운드는 보기에는 무섭고 큰 체격이지만 실상은 매우 온화하면서 참을성이 많으며 사람들과 친근하게 상호 작용을 하는 것을 좋아합니다. 그러나 훈련이 까다롭고 종종 고집스러워 초보자가 키우기에는

다소 어렵습니다.

 후각이 유독 발달해서 흥미로운 냄새를 맡으며 추적하려는 욕구가 넘치기 때문에 보호자는 제어할 수 있어야 합니다. 또한 침을 상당히 많이 흘리는 것으로도 유명합니다.

37. 그레이트 데인
(Great Dane)

자라난 곳	독일
크기	70~80cm
몸무게	45~54kg
수명	7~10년

　그레이트 데인은 '커다란 덴마크의 개'라는 뜻을 지니고 있지만 독일에서 멧돼지를 사냥을 했던 개로서 세계에서 가장 큰 품종입니다. 현재는 '저먼 셰퍼드'와 함께 독일의 국견으로 지정되어 있으며 경비견으로 많이 길러지고 있습니다.

　털은 짧고 광택이 있으며 털빛은 주로 갈색, 노란색, 회색, 흰 바탕에 검은 무늬 등이 대표적이며 커다란 몸집만큼 먹는 양도 대단히 많으며 성장도 빠르고 운동량도 많이 필요합니다.

　상황 판단이 뛰어나고 냉정하며 얌전한 성격이지만 한번 흥분하면 웬만한 성인 남성도 끌려다닐 만큼 압도적인 힘을 발휘하기 때문에 체력이 약한 사람이나 유아가 있는 가정에서의 사육은 적합하지 않고 어릴 때부터 사회화 훈련에 신경을 써야 합니다.

대형견들은 소형견들보다 수명이 짧다고 알려져 있지만 '그레이트 데인'은 대형견 중에서도 유독 짧은 수명을 가지고 있어 10년이면 오래 사는 편입니다.

38. 아프간 하운드
(Afghan Hound)

자라난 곳	아시아(아프가니스탄)
크기	64~69㎝
몸무게	23~27㎏
수명	10~14년

　아프간 하운드는 이름대로 아프가니스탄에서 사냥개로 쓰기 위해 길러졌으며 뛰어난 시력으로 사냥감을 발견하고 험한 지역에서도 빠르게 달릴 수 있는 체격 조건을 갖고 있습니다.

　1800년대 후반 영국에 전해졌으며, 구약성서에 나오는 노아의 방주에 아프간 하운드 한 쌍이 타고 있었다는 설이 있을 만큼 세계에서 가장 오래된 견종 중에 하나입니다.

　대한민국에서 최초로 복제시킨 강아지의 견종이 바로 아프간 하운드입니다.

　뾰족한 얼굴과 비단 같은 긴 털, 곧고 길게 뻗은 다리, 몸 크기에 비해 작고 도톰한 발이 특징이고 특유의 비단결 같은 긴 털은 아프가니스탄지역의 혹독한 바람으로부터 스스로를 보호하기 위해 발달한 것이며 이마를 제외한 온 몸을 뒤덮고 있습니다.

지능은 지능 테스트에서는 최하위를 자치했다고 하는데 이는 독립심이 강해 지능 테스트에 적극적이지 않기 때문에 저평가되었을 확률이 높았다고 합니다.

독립심이 강해 길들이기 쉽지 않지만 반응이 빨라 한때는 사냥개로 널리 쓰였지만 아름다운 외모가 주목받은 이후로는 애완용으로 개량되어 많이 온순해졌다고 합니다.

운동량이 많아 주기적인 운동이 필요하며 키가 크고 잘 뛰어오르기 때문에 높은 담을 설치하는 것이 좋습니다.

39. 차이니스 샤페이
(Chinese Shar-pei)

자라난 곳	중국
크기	45~50㎝
몸무게	20~25㎏
수명	8~12년

    차이니스 샤페이는 중국어로 '늘어진 피부'라는 의미를 지니고 있으며 중국에서 경비견으로 개량한 품종으로 주름이 많고 혀가 흑청색인 것이 특징입니다.

    중국이 공산화된 이후 이 개를 양육하는 데 높은 세금을 부과하자 개의 수는 급격히 줄기 시작했고 이후 극히 일부가 홍콩, 대만 등으로 건너가 보존되면서 점점 일반인들에게 알려졌습니다. 1978년 기네스북에서는 세계에서 가장 진귀한 개로 등록도 되었답니다.

    털은 말가죽같이 거칠고 짧으며 귀는 작고 주둥이는 하마처럼 생겼으며 머리와 온몸을 덮고 있는 쭈글쭈글한 주름살은 어른 견이 되면 차츰 얼굴과 어깨를 제외하고는 대부분 주름이 없어집니다.

    털 빠짐이 심하며 더위, 추위에 약하고 특히 여름철에는 주름이 많은 이유로 피부 질환에 잘 시달리므로 관리를 잘해줘야 합니다.

낯선 사람에게는 무뚝뚝하고 무관심하지만, 주인이나 가족에게는 매우 충성스럽고 다정합니다. 그러나 고집과 소유욕이 강하고 사회성이 떨어져서 어릴 때부터 사회성 적응 훈련을 시키는 것이 좋으며 식탐도 많은 편에 속하므로 철저한 식단 관리와 비만 예방을 위해 매일 30분 정도의 운동을 시켜 주는 것이 좋습니다.

40. 저먼 쇼트헤어드 포인터
(German Shorthaired Pointer)

자라난 곳	독일
크기	55~65㎝
몸무게	25~35㎏
수명	10~12년

 저먼 쇼트헤어드 포인터는 독일에서 유능한 사냥개를 만들기 위해 다양한 품종을 교배하여 만든 품종으로 오리, 토끼 너구리 등 사냥에 이용되었으며 발가락 사이에 큰 물갈퀴가 있어 수영에도 능숙합니다.

 발달된 후각과 지능을 가졌으며, 뛰어난 사냥 능력을 발휘하여 유럽에 널리 알려졌습니다.

 귀는 폭이 넓으며 머리에 붙여 늘어져 있고 근육이 잘 발달된 목, 두꺼운 어깨, 곧게 뻗은 앞다리를 가지고 있습니다.

 적갈색과 흰색이 섞인 털은 짧고 굵으며 방수가 되어 체온을 잘 유지해 줍니다.

 물 속이나 산악 지형에서 사냥에 이용되며 강인한 체력과 민첩함을 가지고 있어 충분한 운동을 시켜 주어야 합니다. 사냥개의 특유한 성격이 있으나 매우 다정하고 온순해서 주인이나 가족을 좋아하며 실내 생활에도 잘 적응합니다. 그러나 활동량이 많기 때문에 넓은 마당이 있는 단독 주택에서 기르는 것이 좋습니다.

기억력 테스트 **바르게 연결하세요.**

저먼 셰퍼드
German Shepherd

코몬도르
Komondor

보르조이
Borzoi

그레이트 데인
Great Dane

아프간 하운드
Afghan Hound

🐕 강아지 용어

단모종	털 길이가 짧은 품종
장모종	긴 털을 가진 품종
이중모	속 털과 겉 털로 구분되어 있는 털
털갈이	짐승이나 새의 묵은 털이 빠지고 새 털이 남
투견	싸움을 시키기 위하여 기르는 개
목양견	목장에서 양을 지키고, 밤이 되면 집으로 몰아가도록 훈련된 개
성견	다 자라서 어른이 된 강아지
배변판	강아지가 배변을 볼 수 있도록 마련해 주는 강아지 화장실
분리 불안	강아지가 주인과 떨어져 있을 때 불안함을 느끼는 증상
마킹	주로 산책을 할 때 강아지가 여러 곳에 소변을 뿌려 영역표시를 하며 자신의 냄새와 흔적을 남기는 행위
KKF	한국 애견 연맹의 약칭
FCI	세계 최초의 애견 관련 국제 기구 연구 및 혈통 보호, 국제 대회 개최 등을 주요 목적으로 하는 기구

정답

28쪽

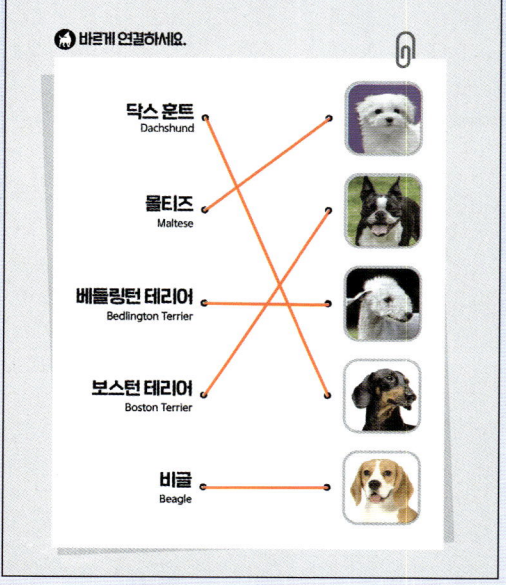

50쪽

72쪽

94쪽

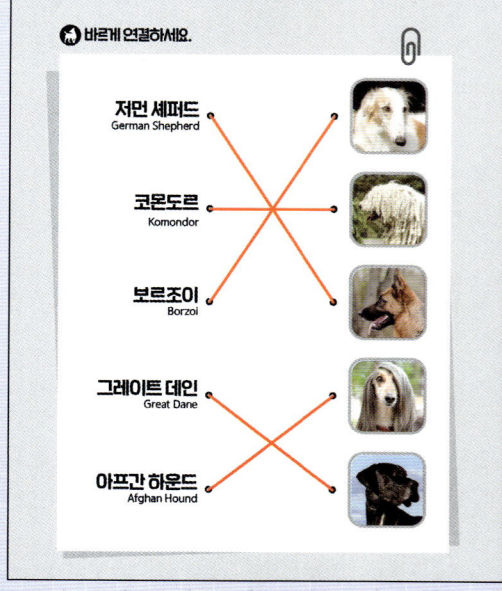